RUTHE

# CARPE IOCUM

## CARTOONS AUF LATEIN

CARLSEN

RATIO.
DIES MAGNIFICE
INCIPIT.
IOANNESPETRI
CASTORES
+ INSECTA

NIHIL MEA INTEREST, QUOMODO HOC FACIAT. PISCIS OPUS ACCIPIET!
Rathe

IULIUSNE? CARSTENUSNE? IOANNESNE?
CUI ALII SUNT MANICULAE TAM FRIGIDAE?

»FACIESLIBER, FACIESLIBER!« VITAM VERAM PRAETERMITTIS!
facebook
Rathe

PRAEFERO EUM ME ITERUM DEVORARE.
Rathe

DICERE POTES QUOD VELIS: GRAMEN VIRIDIUS EST!
NOBISNE ITERUM COMMI-GRANDUMST, MAMMA?
Ruthe

NONNE TE IPSUM PUTAS PAULUM OBSOLETUM?
Rathe

BENE, HAEC VELIM ACCIPERE COMPENSATIONEM.
Rathe

SCIVI HAEC EUM ALIQUANDO INTERFICERE.
SIGARELLA
Rœthe

NON MIHI PLACET, QUANTUM ILLA CONSULTRIX COLORUM ELEGANTIAEQUE TE CAMBIAVIT, CONSTANTINE.
Rathe

QUID SIGNIFICAT TE IAM EDISSE APUD ZEBRAS VICINAS?
Rathe

NON MIHI PLACET EA DICERE, SED TE PRAESENTE MENTES CONVERSAE SUNT.

OHE! PATER MEUS MIHI QUAESTIONEM MISIT AMICITIAE CAUSA.
ET MIHI CAPUT MEUM ITEM.
facebook
Ruthe

ECCE, HOMO AUTORAEDAM VEHENS LUCE PLENA IN STRATA AUTOCINETICA.
Rathe

PAPAE! HEMICRANIAM SUPERAVI!
EA DIXI!
MIHI DEBES CENTUM QUINQUA-GINTA EU-RONES.
Ruthe

SEPTUAGINTA DUASNE VIRGINES? HIC PLANE ERRAS!
HOSTIAMNE OBLATAM?
Ratke

ULTIMUM!
**NON** HAEC CONAMUR ANIMO BONO!!!
Ruthe

NON POSSUM LABORARE HOC MODO.
Ruthe

FACISNE ITER NEGOTIALE AUT PRIVATUM?
HOC QUOQUE PAULUM DEPENDET A TE.
Rethe

MINISTERIUM LENTUM ERAT, MELANIA VENENATA EST... QUANTUM ERGO EST DANDUM?
Ruthe

TUANE INTEREST HYPO-CAUSTUM?
Rathe

NOLIM REDDERE ANIMUM MALUM, SED QUISNAM E NOBIS CARRUM VEHIT?
Rathe

QUOD PERTINET AD TE, MULTAM REMISI ET SIMPLICITER MUCUM NASALEM RIGIDUM ROTAE ILLEVI.
Rattke

INSPECTIO IN AEROPORTU! RES MAGNI PRETII HIC INTRO, QUAESO.
TEMPTATIO BONA.
TIBI GRATIAS AGO.

TAM FOEDUS ES, QUIA ALIQUANDO OLOR VENUSTISSIMUS FIES, SASCHA!
NONNE FOEDUS SUM, QUIA MAMMA TANTUM FUMAT?
ÖHÖ!
Rathe

NONNE VIDES? ALIIS QUOQUE NON PLACET TE ME EXSPUERE.
Rathe

AHMEDUSNE? HIC HAKANUS EST! QUID? IMMO, ITA EST. DIRUPTUM EST. EHO? BENE, AUDI! RES STULTISSIMA.
OCIUS! PECULIUM MEUM!
Rothe

DELIBERAVI, EMAM PARTICULAM SILVAE PLUVIALIS.
EHEU, TOTALITER HOMO PALATI SUBTILIS.
Ruthe

ET QUALIS PROFESSIO TIBI EST?
PUER SERVILIS!
STATIM VENIO!
Ruthe

TIBI IMPERAVI, UT SACCULOS TUOS VACUE-FECERIS!
Rathe

NUNC! ANIMUM ATTENDITE, NUNC!
VETULE! ISTE PROFECTO HOC EDIT!
IMMO, EA DIXI.
Ruthe

ERGO II IPSI QUAESTIONEM ABUNDANTIAE INCOLARUM SOLVERUNT.
CALLIDE!
Rattke

FAC CONSIDAS.
CRUSTUMNE SALSUM?

SED MEDICUS MEUS DIXIT ME ESSE SANISSIMUM!
HEUHEU! FACTA. ILLUD NUMQUAM TUA INTER-FUIT!
Ruthe

MAMMA! NONIAM CONSILIA TUA MIHI OPUS SUNT!
SIMULAS ME PERPETUO ANIMUM ATTENDERE.
Rathe

BENE, CONSILIUM NON ERAT STULTUM.
ETIAM SUCUM LYCOPERSI-CORUM?
Rathe

DIXI, UT CONIUNCTIO SIT PESSIMA, MIHI CLAMITANDUM EST!!!
Ruthe

MAMMA, TATA... ISTUD EST ALEX. ALEX EGOQUE IN AMORIBUS SUMUS.
HOC MODO NUMQUAM REPERIEMUS, SI PUER EFFEMINATUS SIT.
Rattu

ANGELA, CUR CRAS MIHI SUNT NULLAE DIES CERTAE IN CALENDARIO? QUID DICIS, ANGELA? EHO, ITA EST! NOS SUMUS HEMEROBIA.
TIBI GRATIAM HABEO, ANGELA!
Ratke

IN LIBELLO ARENA ALBISSIMA ESSE VIDEBATUR.
Rathe

VERE, TONIE! NISI TU ESSES CAPITIS FILIUS...
CAEMENTUM
Ruthe

ME STERCORA, PORCA!
SOLUM NIHIL CURARE...
Rathe

MOMEN-TUM... HIC, PER TE.
NON, DUMMODO SUM IN LOCO SECRETO!!!
Ratke

VIDEO MULIE-
REM PULCHRAM
IUVENILEMQUE...
ALVEUMQUE...
MACHINULAM
FAVONIAMQUE.
NONNE
HAEC DICIS
PER IOCUM,
VERE?

HEU! SINE INTERVALLO LOQUIMUR, SIMUL LIBERI IN FORNACE SUNT!
Ruthe

REVERA POSSIMUS PARCERE MULTO TEMPORI.
Ruthe

STELLAE LUCENTES, QUAS VIDEMUS, MORTUAE SUNT EX DECIES CENTENA MILIA ANNIS.
DELICATE!

OPUS LUTULENTUM! PROPRIE ACTRIX SUM.
VERENE? IGITUR AGE PUELLAM CAU-PONARIAM!
Rathe

MAMMA, IOANNES SEMPER ME IMITAT!
ITANONST.
Perlke

QUIDNAM FACIS?
CIBUM MEUM FACIELIBRO PHOTOGRAPHO!
Rathe

ALIQUID HODIE MANE DIFFERT.
Roethe

ADNE ME?
ADNE TE?
ADNE...
MINEM!
Ruthe

5 Sie sind doch wohl nicht ernsthaft überrascht?

6 Eine Rechnung. Der Tag fängt ja toll an. – *Johannespeter's Biber + Termiten*

7 Mir doch egal, wie er das macht. Der Fisch hat den Job!

8 Julius? Carsten? Giovanni? Wer hat denn sonst noch so kalte Händchen?

9 »Facebook, Facebook!« Du verpasst doch das echte Leben!

10 Ich will lieber wieder gefressen werden.

11 Du kannst sagen, was du willst: Das Gras ist grüner! – Müssen wir jetzt schon wieder umziehen, Mutti?

12 Finden Sie sich nicht selbst ein bisschen altmodisch?

13 Na schön, das will ich mal als Wiedergutmachung akzeptieren.

14 Ich wusste, irgendwann bringt es ihn um. – *Zigaretten*

15 Ich mag nicht, was diese Farb- und Stilberaterin aus dir gemacht hat, Konstantin.

16 Was soll das heißen, du hast schon bei Zebras von nebenan gegessen?

17 Ich sag's ungern, aber seit Sie da sind, ist die Stimmung im Keller.

18 Oh nein. Mein Vater schickt mir 'ne Freundschaftsanfrage. – Und ich hab eine von meinem Chef.

19 Ah, der Herr mit der Lichthupe auf der Autobahn.

20 Wahnsinn! Meine Migräne ist weg! – Sag ich doch! Macht hundertfünfzig Euro.

21 Zweiundsiebzig Jungfrauen? Da sind Sie hier ganz falsch! Oblate?

22 Zum letzten Mal! Wir probieren's **nicht** mit Gemütlichkeit!!!

23 Ich kann so nicht arbeiten.

24 Reisen Sie beruflich oder privat? – Das hängt auch so'n bisschen von Ihnen ab.

25 Der Service war langsam, Melanie ist vergiftet ... Wie viel gibt man da?

26 Interesse an einer Fußbodenheizung?

27 Ich will ja keine schlechte Stimmung machen, aber wer von uns fährt eigentlich?

28 Bei Ihnen hab ich mal aufs Knöllchen verzichtet und einfach einen Popel ans Lenkrad geschmiert.

29 Flughafenkontrolle! Wertsachen bitte hier hinein. Vielen Dank. – Netter Versuch.

30 Du bist so hässlich, weil du mal ein wunderschöner Schwan wirst, Sascha! – Nicht, weil die Mama so viel raucht? – Öhö!

31 Sehen Sie? Andere finden es auch nicht toll, wenn Sie mich hochwürgen.

32 Ahmed? Hier ist Hakan! Was? Doch, doch. Ist explodiert. Hä? Ja, pass auf! Total blöde Geschichte. – Schneller! Mein Guthaben!

33 Ich hab mir jetzt überlegt, ich kaufe ein Stück Regenwald – Boh, voll der Gourmet.

34 Und was machen Sie so beruflich? – Herr Ober! – Komme gleich!

35 Ich hatte doch gesagt, du sollst die Taschen leer machen!

36 Jetzt! Passt auf, jetzt! – Alter! Der isst das wirklich! – Hab ich doch gesagt.

**37** Da haben sie doch selbst noch einen Weg gegen die Überbevölkerung gefunden. – Clever!

**38** Machen Sie es sich bequem. – Salzstange?

**39** Aber mein Arzt sagt, ich bin kerngesund! – Haha! Fakten. Haben Sie sich doch noch nie für interessiert!

**40** Mama! Ich brauche deine Ratschläge nicht mehr! Du tust ja so, als müsste man ständig auf mich aufpassen.

**41** Okay, der Plan war nicht idiotisch. Auch 'n Tomatensaft?

**42** Ich sagte, die Verbindung ist sehr schlecht, ich muss voll laut brüllen!!!

**43** Mama, Papa ... Das ist Alex. Alex und ich sind zusammen. – So kriegen wir nie raus, ob der Junge schwul ist.

**44** Frau Engels, wieso habe ich für morgen keine Termine im Kalender stehen? Was sagen Sie, Frau Engels? Ach, richtig. Wir sind Eintagsfliegen. Danke, Frau Engels.

**45** Im Prospekt sah es aus wie sehr weißer Sand.

**46** Toni, echt! Wenn du nicht der Sohn vom Boss wärst ... – *Zement*

**47** Düng mich, du Sau! – Einfach ignorieren ...

**48** Moment ... hier, ist für dich. – Doch nicht, während ich auf der Toilette bin!!!

**49** Ich sehe eine schöne junge Frau ... und eine Wanne ... und einen Föhn. – Sie sagen das aber nicht einfach nur so, nein?

**50** Ah, Herrje! Wir reden und reden, dabei habe ich doch die Kinder im Ofen!

**51** Wir konnen uns beiden doch nun wirklich viel Zeit sparen.

**52** Die Sterne, die wir da leuchten sehen, sind seit Millionen von Jahren tot. – Lecker!

**53** Scheiß-Job. Eigentlich bin ich Schauspielerin. – Echt? Spiel mal 'ne Kellnerin!

**54** Mama, der Hannes macht mich immer nach! – Ganich.

**55** Was machen Sie da? – Ich fotografiere mein Essen für Facebook.

**56** Irgendwas ist heute Morgen anders.

**57** Zu mir? Zu Dir? – Zu spät.

**Umschlag** Holzpferd! So 'ne Scheiß-Idee!!

# SHIT HAPPENS! MUNDART

# KINDERCOMICS VON FLIX UND RUTHE

WWW.CARLSEN.DE